rausgeblickt: Pandemie und Staat

rausgeblickt:
Andreas Reckwitz

*

Pandemie und Staat

Ein Gespräch über die Neuerfindung der Gesellschaft

Herausgegeben von
Thomas Hartmann, Jochen Dahm und
Christian Krell

DIETZ

Bibliografische Information der Deutschen Nationalbibliothek
Die Deutsche Nationalbibliothek verzeichnet
diese Publikation in der Deutschen Nationalbibliografie;
detaillierte bibliografische Daten sind im Internet
über http://dnb.dnb.de abrufbar.

ISBN 978-3-8012-0606-2

Dreizehnmorgenweg 24, 53175 Bonn

Umschlag: Petra Bähner, Köln
Satz: Rohtext, Bonn
Druck und Verarbeitung: Eberl & Koesel, Krugzell

Printed in Germany 2021

Besuchen Sie uns im Internet: www.dietz-verlag.de

* rausgeblickt *

Thomas Hartmann und Jochen Dahm

Wir sind verwundbarer, als wir geglaubt hatten. Die Corona-Pandemie hat das schonungslos offen gelegt. Sie wirkt wie ein Treiber für die strukturellen Probleme der Gegenwart, für die Ungerechtigkeiten und Widersprüche in unserer Art zu leben und zu wirtschaften.

Neben der Bedrohung durch Krankheit und Tod hat sich auch der Alltag der Menschen grundlegend verändert. Manche profitieren von neuer Flexibilität im Homeoffice. Viele aber haben die Schutzmaßnahmen an wirtschaftliche und psychologische Belastungsgrenzen gebracht. Freiheiten, die bislang selbstverständlich waren, wurden eingeschränkt – im Alltag und an Grenzen.

Falschmeldungen und Verschwörungsmythen verbreiten sich rasant. In der Krise gab es Hamsterkäufe, aber auch neue Formen gelebter Solidarität durch gesellschaftliches Engagement und Nachbarschaftshilfe. Das Vertrauen in den Staat und das Bewusstsein für die Notwendigkeit öffentlicher Regulierung wurde gestärkt. Jede Krise kann daher auch eine Chance für Veränderung sein. Sie schärft den Blick für das, was wesentlich ist. Sie kann den Anstoß geben, nicht nur im Krisenmodus aktuelle, sondern auch strukturelle Probleme nachhaltig anzugehen: etwa im Bildungssystem, auf dem Arbeitsmarkt, im Gefüge der demokratischen Institutionen, in der Klimapolitik oder im internationalen Handelssystem; zwischen den Geschlechtern, Arm und Reich, Jung und Alt.

In der Reihe »rausgeblickt« sprechen wir mit herausragenden Gästen aus Wissenschaft, Politik und Zivilgesellschaft darüber, wie sich unsere Demokratie, die Gesellschaft und die Wirtschaft künftig gerechter und solidarischer gestalten lassen. Die Krise ist der Ausgangspunkt, um alte und neue Missstände zu diskutieren, die Widersprüche des modernen Kapitalismus und unsere eigene Haltung zu hinterfragen – dabei aber den Blick stets nach vorne gerichtet.

Mit der Transformationsforscherin **Maja Göpel** sprechen wir über den Klimaschutz als effektivste Form der Pandemie-Vorsorge und über die Grundlagen einer nachhaltigen Welt. Starökonom **Thomas Piketty** diskutiert in dieser Reihe über die Auswirkungen der Pandemie auf die wachsende Ungleichheit und die Überwindung der Ideologie des Kapitals. Die Journalistin **Teresa Bücker** sieht Frauen durch die Krise ungleich härter getroffen. Sie entwirft hier ihre Vision einer feministischen Zukunft. Die Politikwissenschaftlerin **Gesine Schwan** denkt in unserem Gespräch über den Zusammenhalt und die Renaissance des Solidaritätsbegriffs in der Krise nach. Sie nimmt insbesondere progressive Akteure in die Pflicht, Brücken zwischen den unterschiedlichen gesellschaftlichen Gruppen zu bauen. Für die politische Philosophin **Lisa Herzog** bleibt die Arbeit ein zentraler Bestandteil der Gesellschaft, ein Ort, an dem sich Menschen begegnen. Sie macht konkrete Vorschläge für eine demokratischere Arbeitswelt. Auch der Soziologe **Heinz Bude** sieht darin neues Potenzial für eine solidarischere Gesellschaft und betont zugleich die wachsende Bedeutung des schützenden Staates. Und der Wirtschaftsnobelpreisträger **Joseph Stiglitz** denkt in der Reihe über die Leitplanken einer gerechteren Weltwirtschaft nach. Er macht klar, dass nur mehr und nicht weniger globale Kooperation die Wirtschaft in jedem Land wiederbeleben kann.

Im vorliegenden Band spricht **Christian Krell** mit dem Kultursoziologen **Andreas Reckwitz.** Seiner Meinung nach könnte die aktuelle Entwicklung sogar zu einer Neuerfindung von Staat und Gesellschaft führen. Er plädiert für einen einbettenden Liberalismus.

*

Guten Abend und herzlich willkommen zu einer neuen Ausgabe von »rausgeblickt«. Mein Name ist Christian Krell und ich begrüße als Gast Andreas Reckwitz. Die Grundannahme dieser Gespräche ist, dass Corona in unserer Gesellschaft Spuren hinterlassen wird und dass wir in unserer krisenhaften Situation möglicherweise Einfluss darauf nehmen können, ob sich die Gesellschaft zum Besseren oder zum Schlechteren wendet. Wir hier wollen uns heute auf die Chancen konzentrieren. Herr Reckwitz ist einer der bekanntesten und einflussreichsten deutschen Soziologen. Er hat in Bonn, Hamburg und Cambridge Soziologie, Politikwissenschaften und Philosophie studiert und ist Professor an der Humboldt-Universität in Berlin. 2017 ist von ihm das Buch *Die Gesellschaft der Singularitäten* erschienen und 2019 *Das Ende der Illusionen – Politik, Ökonomie und Kultur in der Spätmoderne*.

Wir nehmen zunächst einige grundsätzliche Veränderungsdynamiken in den Blick, die, mehr oder weniger stark, alle westlichen Gesellschaften prägen. Wir werden dann in einem zweiten Schritt schauen, ob Corona diese Dynamiken verstärkt oder sie eher abschwächt. Schließlich gehen wir auf einige politische und gesellschaftliche Perspektiven ein und schauen darauf, wie Spannungen dieser Dynamiken abgemildert oder bestenfalls produktiv aufgelöst werden können.

Herr Reckwitz, Corona hat ja unser aller Leben etwas durcheinandergewirbelt, bei einigen mehr, bei anderen weniger. Wie haben Sie die letzten Wochen und Monate erlebt? Wie hat sich Corona auf Ihr Leben ausgewirkt?

* **Reckwitz** *

Beruflich hat sich bei mir in den letzten Monaten viel geändert, ich bin genau während des ersten Lockdowns dem Ruf der Humboldt-Universität auf die Professur für Allgemeine Soziologie gefolgt und habe dort sofort das erste Digitalsemester erlebt. Das war schon ein sehr ungewöhnlicher Start für mich, auch ein bisschen surreal, da ich an einer neuen Institution war und weder in die Gebäude noch die Kollegen und die Studierenden kennenlernen konnte, zumindest nicht analog. Die digitale Lehre war auch für mich eine neue Situation. Doch wie wir gemeinsam, auch mit den Studierenden, mit dieser Situation fertig geworden sind, fand ich ermutigend. Die Berliner Studierenden erlebe ich als sehr konzentriert, offen und diskussionsfreudig. Wobei die Verluste durch die digitale Lehre natürlich weiterhin deutlich sind: Gespräche auf Zoom in der Gruppe sind sehr viel regulierter, der Raum für Spontaneität nimmt ab. Dass man an den Universitäten, aber auch im Lockdown, noch ganz vernünftig arbeiten kann, ist zweifellos eine privilegierte Situation.

*** Krell ***

Das klingt ja so, als ob durchaus einige Kräfte und einiges Potenzial freigesetzt wurden, wenn Sie beschreiben, wie es quasi in einer gemeinsamen Kraftanstrengungen zwischen Lehrenden und Studierenden gelungen ist, die Situation durchzustehen. Lassen Sie uns so ein bisschen zurücktreten von unseren Alltagserfahrungen und die großen Dynamiken in den Blick nehmen, die Sie in beiden angesprochenen Werken in den Blick nehmen. Sie schauen darauf, wie sich ein Wandel vollzieht, aus der industriellen Moderne hin zu etwas, das Sie als Spätmoderne beschreiben. Herr Reckwitz, was kennzeichnet diesen Wandel?

*** Reckwitz ***

Wir haben in unserem Gespräch die Corona-Krise als Aufhänger, aber um zu verstehen, was Corona verändert oder auch nicht verändert, muss man tatsächlich einen Schritt zurücktreten und in die Strukturdynamik der modernen Gesellschaft einsteigen. Das muss der Ausgangspunkt sein: die Frage, wie sich die Moderne selbst in den letzten Jahrzehnten gewandelt hat. Die Strukturmerkmale der modernen Gesellschaft, die »Moderne« – das ist das Zentrum dessen, was die Soziologie von Anfang an ins Zentrum ihrer Betrachtungen stellt. Die Moderne ist als Gesellschaftsformation im 18. Jahrhundert entstanden, unter anderem mit Prozessen der Kapitalisierung, der Demokratisierung, der Verwissenschaftlichung, der Urbanisierung und der Säkularisierung. Die Moderne hat also bereits eine 250-jährige Geschichte. Innerhalb dieser ist es aber selbst immer wieder zu Strukturwandlungen gekommen. Es gibt entsprechende Epochenschwellen. Zu Beginn des 20. Jahrhunderts hat so die bürgerliche Moderne des langen 19. Jahrhunderts an Prägekraft verloren und ist durch eine industrielle oder organisierte Moderne abgelöst worden. Seitdem gab es aber eine weitere

Epochenschwelle: die 1970 / 80er-Jahre. Die industrielle Moderne ist erodiert und mehr und mehr von einer anderen Form von Moderne abgelöst worden, einer Spätmoderne. Ich benutze den Begriff »Spätmoderne«, aber in der Soziologie gibt es changierende Begriffe, um diese neue Moderne zu bezeichnen, früher sprach man von Postmoderne oder auch von Hochmoderne oder Hypermoderne. Ich denke, dass die Merkmale der Spätmoderne in den letzten zehn Jahren für alle sichtbar geworden sind, in ihren Licht- und Schattenseiten.

» Ein zweites Problem der Spätmoderne, das in der Corona-Krise sehr deutlich wird, ist die Auseinanderentwicklung der Segmente der spätmodernen Sozialstruktur zwischen Modernisierungsgewinnern und -verlierern.

Aber was sind nun die Strukturmerkmale der Spätmoderne? Um diese Frage zu beantworten, muss man vorher zumindest einen kurzen Blick auf die industrielle Moderne werfen. Die ist für uns schon Vergangenheit. Die industrielle Moderne, wie wir sie in der alten Bundesrepublik, in den 1950er-, 1960er- und 1970er-Jahren in einer ausgereiften Form sehr plastisch erlebt haben, war – mit dem französischen Historiker Pierre Rosanvallon gesprochen – gewissermaßen eine »Gesellschaft der Gleichen«. Sie war eine Gesellschaft, die stark standardisierte, die stark sozial regulierte, die auch relativ egalitär war. Im Zentrum ihrer Ökonomie stand die industrielle Produktion. Es handelte sich um eine Industriegesellschaft mit 50 Prozent der Erwerbstätigen im Industriesektor. Das ist nicht nur eine ökonomische Frage, vielmehr prägte die industrielle Welt die Lebenswelten der Menschen in allen westlichen Gesellschaften sehr stark: Die industrielle Arbeit, die Schwer- und Metallindustrie, die männliche Arbeit, die technische Arbeit, die Industriestädte, die Gewerkschaften – das sind alles Bausteine des Mikrokosmos der industriellen Welt. Das war zugleich eine Gesellschaft, die man sozialstrukturell als nivellierte Mittelstandsgesellschaft umschreiben kann – ein Begriff von Helmut Schelsky. Er benennt eine Gesellschaft, die sich um diese große Mittelschicht herum gruppierte, die sowohl das Kleinbürgertum, also den klassischen Mittelstand, als auch die Arbeiterschaft umfasste, für die das in vieler Hinsicht einen sozialen Aufstieg bedeutete. Beide verband nach 1945 ein ähnlicher Lebensstil und auch ein vergleichbarer Lebensstandard. Natürlich gab es auch soziale Unterschiede, aber die soziale Ungleichheit war doch verhältnismäßig begrenzt. Die industrielle Moderne wurde auch durch den Wohlfahrtsstaat und durch starke Gewerkschaften geprägt.

Alltagskulturell hieß industrielle Moderne aber auch: Konformität in der Gruppe sticht Individualität. Es gibt eine Analyse, von David Riesman in den USA Ende der 1940er-Jahre – *The Lonely Crowd* –, in der er den Menschentypus der industriellen Moderne als einen *other directed character*, den außengeleiteten Charakter sehr plastisch dargestellt hat. Es handelte sich um ein Subjekt, das sich stark an den anderen ausrichtet, für das soziale Anpassung ein großer Wert war und für das die Anpassung an die Gruppe, an die Arbeitsbelegschaft, die Nachbarschaft, das Kollektiv, wichtiger war als die Individualität, als sein inneres Erleben oder seine eigenen Wünsche. Individualität erschien exzentrisch, Unauffälligkeit war die Devise. Politisch-staatlich wurde die industrielle Moderne vom Modell des keynesianischen Wohlfahrtsstaates zusammengehalten. Die nationale Politik hatte eine Art Regulierungsfunktion in Bezug auf die Wirtschaft und das Soziale. Dies wurde nicht nur von den Sozialdemokraten vertreten, sondern auch von den Konservativen, das war ein politischer Konsens. Das politische Feld wurde zu dieser Zeit generell von den großen Volksparteien dominiert. Die Nationalstaaten waren zu dieser Zeit relativ autark, die Globalisierung begrenzt. Die Angleichung der Lebensverhältnisse im Innern stellte ein zentrales politisches Ziel dar. Das ist in wenigen Stichworten das Strukturmodell der entfalteten industriellen Moderne.

*** Krell ***

Wir nutzen das Privileg, dass wir mit einem Kultursoziologen reden und schauen ein bisschen tiefer in die kulturelle Dimension, die in Ihren Werken sehr viel ausmacht. Sie beschreiben diese Gesellschaft der industriellen Moderne, die wir gerade in den Blick genommen haben, als eine, in der es Formen von Allgemeinheit gibt, die dominant sind, und das unterscheiden Sie vom »Besonderen«, das heute im Vordergrund steht.

*** Reckwitz ***

Ganz grundsätzlich stellt sich die Frage: Was verändert sich von der industriellen Moderne zur Spätmoderne? Und: Was sind die zentralen Wandlungsfaktoren? Auf einer elementaren Ebene handelt es sich hier um einen kulturellen Wandel, einen Wandel in der kulturellen Tiefenstruktur der Gesellschaft. Dabei muss man allerdings beachten, was hier unter Kultur verstanden werden soll. Kultur ist in meinem Verständnis mehr als ein bloßer luftiger Überbau der Gesellschaft auf einer harten sozialen Basis, sondern bezeichnet jene Deutungsmuster, Weltbilder und Selbstbilder, welche die gesamte gesellschaftliche Praxis und das Handeln der Menschen in verschiedensten Bereichen, auch in der Ökonomie, prägen. Meine zugespitzte These ist nun, dass wir seit den 1980er-Jahren einen kulturellen Wandel der gesellschaftlichen Bewertungssysteme beobachten können. In der industriellen Moderne war ein Bewertungssystem leitend, das stark das Allgemeine prämiert hat, also das, was für alle gleich gilt. In der Spätmoderne kehrt sich dies jedoch um: Nun wird ein Bewertungssystem leitend, welches das Besondere prämiert, also klassischerweise gesagt: die Individualität. Abstrakter kann man hier von einer positiven Bewertung des Einzigartigen sprechen, von einer Kultur der Singularitäten. Um sich genauer vorzustellen, wie diese Singularisierungsprozesse wirken, müssen wir in die einzelnen Bereiche der Gesellschaft hineinschauen, insbesondere in die Ökonomie, in die Lebensformen und in die digitalen Technologien. Wollen wir das?

*** Krell ***

Das wollen wir unbedingt.

*** Reckwitz ***

Grundlegend für den Wandel des Bewertungssystems vom Allgemeinen zum Besonderen ist die Transformation der Ökonomie. Das ist nur scheinbar paradox: dass die Ökonomie zu einem kulturellen Wandel beiträgt. Der Wandel der westlichen Ökonomie in den letzten Jahrzehnten ist im Kern einer der Postindustrialisierung. Es findet eine Erosion des Modells der Industrieökonomie statt und eine Postindustrialisierung sowohl der Güter als auch der Erwerbstätigkeit. Ich bin immer wieder überrascht, wie gerade in Deutschland der eigentlich doch sehr eindeutige Tatbestand, dass die Erwerbstätigkeit sich drastisch vom sekundären zum tertiären Sektor verschoben hat, in den Hintergrund gedrängt wird und manche immer noch suggerieren, wir lebten in einer Industriegesellschaft wie in den 1960er-Jahren. Dabei ist der Anteil der Erwerbstätigen in Deutschland im Industriesektor in den letzten Jahrzehnten von 50 auf nicht viel mehr als 20 Prozent zurückgegangen. Das ist ein wirklich drastischer Rückgang. In den USA ist es noch extremer, da sind nur noch 10 Prozent im industriellen Sektor beschäftigt. Hier hat eine umfassende Deindustrialisierung stattgefunden.

» Die Singularitätszuschreibung ist etwas, was Gewinner und Verlierer hervorbringt.

Manche mögen das bedauern, aber man muss diese reale Transformation, die radikal in die Lebenswelten der Menschen eingreift, erkennen. Die Kehrseite des Rückgangs in der Industrie ist die Expansion der Erwerbstätigkeit des tertiären Sektors. Dort arbeiten heute etwa drei Viertel der Bevölkerung. Aber hinter diesem tertiären, postindustriellen Sektor verbirgt sich, wenn man genauer hinschaut, die Expansion zweier sehr unterschiedlicher, ja gegensätzlicher Bereiche: nämlich auf der einen Seite der Aufstieg der Wissensökonomie, der »immateriellen Arbeit« im kognitiven Kapitalismus, also im Wesentlichen die Arbeiten von Hochqualifizierten, und auf der anderen Seite eine Expansion der sogenannten Services, der einfachen Dienstleistungen, mit Jobs für sogenannte Niedrigqualifizierte. Dort entsteht eine neue *Service Class*, die nicht mehr dem Industriemodell der *Working Class* entspricht. Aufgrund dieser beiden gegensätzlichen Segmente von Postindustrialisierung, würde ich von einem »polarisierten Postindustrialismus« sprechen, der für die Spätmoderne grundlegend ist. Diese neue ökonomische Spaltung oder Asymmetrie hat massive Auswirkungen auf die Sozialstruktur, und zwar materiell wie kulturell. Die frühere nivellierte Mittelstandsgesellschaft, von der wir vorhin gesprochen haben, bricht nämlich auf diese Weise sowohl nach oben als auch nach unten hin auf.

Nach oben ist eine neue Mittelklasse entstanden, mit vor allen Dingen Hochschulabsolventen und Hochqualifizierten, die hauptsächlich in der Wissensökonomie beschäftigt sind, häufig auch in Metropolregionen lebend und arbeitend. Da spielt so auch ein wichtiger räumlicher, regionaler Faktor ein.

Nach unten ist eine neue *Service Class* entstanden, eine Gruppe, die häufig im Niedriglohnsektor arbeitet. In der Mitte haben wir auch weiterhin eine Art traditioneller Mittelklasse, Facharbeiter, kleine Angestellte, Selbstständige, diese Gruppe ist aber geschrumpft und befindet sich jetzt in einer Sandwichposition zwischen der neuen Mittelklasse und der prekären Klasse. Sehr zugespitzt, ergibt sich so ein spätmodernes Dreiermodell der Sozialstruktur. On top existiert noch die sehr kleine Oberklasse, die es vorher natürlich auch gegeben hat. Was hat das nun mit einem kulturellen Wandel zu tun? In mehrerlei Hinsicht. Zentral ist, dass die genannte neue Mittelklasse, also das wachsende Segment von Personen, die in der Wissensökonomie arbeiten, in den Metropolregionen leben und häufig hohes kulturelles Kapital haben, die soziale Trägergruppe eines Wertewandels ist, der immer mehr Werte der Besonderheit und Individualität schätzt und immer weniger das Allgemeine und Standardisierte. Das Singuläre wird hier prämiert.

Die neue Mittelklasse führt einen Lebensstil, der stark auf Selbstentfaltung und Selbstverwirklichung ausgerichtet ist, auf Werte wie Authentizität, Kreativität, Selbsterfahrung, ästhetische und ethische Werte. Die Pflicht- und Akzeptanzwerte der industriellen Moderne erscheinen hier als Einschränkung, die Singularitätswerte hingegen als zeitgemäß und human. Das gilt beispielsweise für den Konsum genau wie für die Kindererziehung, bei der es in der neuen Mittelklasse weniger um soziale Anpassung als darum geht, den besonderen Eigenschaften und Talenten des einzelnen Kindes zur Entwicklung zur verhelfen. Und da die neue Mittelklasse ein kulturell sehr einflussreiches Milieu ist, strahlen ihre Werte gesellschaftsweit aus.

Die Singularisierung wird jedoch nicht nur von der neuen Mittelklasse forciert, sie ergibt sich auch unmittelbar durch Strukturen der postindustriellen Ökonomie. Denn hier handelt es sich nicht nur um einen kognitiven, sondern auch um einen kulturellen Kapitalismus, in dem die Güter zunehmend unter dem Aspekt ihrer symbolischen Qualität interessieren. Der kulturelle Kapitalismus basiert nicht mehr auf dem Standardgut von der Stange, sondern eben auf »singulär« scheinenden Gütern, die Unverwechselbarkeit beanspruchen, als Ausdruck einer Marke, als »authentisches« Gut, als besonderes Reiseziel, als Vintageobjekte, als maßgeschneiderte Dienstleistung, als Produkt, das einem Kunstwerk ähnelt et cetera. Im kulturellen Kapitalismus werden die Konsumenten von einer Welt umgeben, die sich als Reich der Singularitäten präsentiert, eine Welt, die darum wirbt, dass ihre Objekte als singulär wahrgenommen werden.

Es gibt aber noch einen weiteren Wandlungsfaktor, der in der Spätmoderne dazukommt und der ebenfalls die Singularisierung des Sozialen vorantreibt, und das ist die Digitalisierung. Diese fördert natürlich auch den kognitiven Kapitalismus und führt zu einer weiteren Deindustrialisierung, aber sie führt auch für sich genommen dazu, dass die Kultur der Singularitäten gestärkt wird, weil das Internet als eine Aufmerksamkeitsökonomie davon lebt, dass Besonderheiten markiert werden. Die Kultur der Sichtbarkeit des Internets prämiert die Differenz und Unverwechselbarkeit, etwa in Form eines außergewöhnlichen Profils oder immer wieder neuer, interessanter Nachrichten und Bilder aus dem eigenen Leben.

Das Allgemeine und Standardisierte bleibt in der digitalen Aufmerksamkeitsökonomie hingegen unsichtbar. Hinzu kommt: Hinter dem Rücken der Nutzer »personalisieren« die Algorithmen das Netz, das heißt, sie schneiden das, was der Einzelne an Informationen erhält, auf sein individuelles Profil zu. Damit löst sich auch hier die Allgemeinheit auf, die etwa im Zeitalter der Massenmedien herrschte: Das digitale Fenster zur Welt ist ein für jeden und jede einzigartiges Fenster.

Wir haben somit verschiedene Faktoren, die alle eine Gesellschaft der Singularitäten fördern, die Prägekraft von sozialen Normen der Besonderheit. Deren Kehrseite sind aber Diskrepanzen und Asymmetrien zwischen »Gewinnern« und »Verlierern«. Die klassische Industriegesellschaft war sehr viel stärker eine, die suggerieren konnte, dass alle gewinnen, während die spätmoderne Gesellschaft eine ist, die die Diskrepanz zwischen Gewinnern und Verlierern auf den verschiedenen Märkten hervorbringt: zwischen Hoch- und Niedrigqualifizierten, zwischen Stadt- und Landbewohnern, zwischen den digitalen Aufmerksamkeitssiegern und dem Rest beispielsweise.

* **Krell** *

Lassen Sie uns vielleicht noch einen Augenblick bei dem Allgemeinen und dem Besonderen bleiben. Sie haben in Ihren Ausführungen eben den Begriff der Individualität etwas problematisiert, wenn ich das richtig rausgehört habe. Es gibt sozusagen eine neue Bedeutung von Differenz, von Anderssein, von Besonderheit, und zugleich ist es nicht unbedingt individuell, weil viele sich möglicherweise an einem besonderen Instagram-Hotspot fotografieren lassen.

* **Reckwitz** *

Das ist richtig, ich habe den Begriff der Individualität zwar gerade benutzt, um in die Thematik einzusteigen. Wenn man genauer hinschaut, würde ich den Begriff aber nicht mehr verwenden, sondern allgemeiner von Singularisierungsprozessen sprechen. Es gab in der Soziologie ja die einflussreiche Theorie von Ulrich Beck über die Individualisierungsprozesse der Spätmoderne. Ich setze hier aber einen etwas anderen Akzent. Was mir sehr wichtig ist, ist, dass Besonderheit und Einzigartigkeit keine Grundgegebenheiten sind, sondern sozial »gemacht« werden. Es ist nicht so, dass die Individuen auf einmal individuell sein dürfen, weil sie – wie das bei Beck hieß – freigesetzt werden aus sozialen Bindungen, sondern es geht eher darum, dass diese Einzigartigkeit und Besonderheit gesellschaftlich fabriziert wird. Wir haben beispielsweise soziale Bewertungspraktiken entwickelt, mit denen eben Besonderheiten – Singularitäten – als solche sozial »markiert« werden, das heißt, das, was als einzigartig *gilt*. Wann gilt zum Beispiel ein YouTube-Star als besonders und wann gilt er als uninteressant; wann gilt ein Reiseziel als einzigartig oder ein Design-Klassiker oder ein Popstar oder eine Universität? Wir haben in vielen Bereichen Singularitätswettbewerbe, und wenn etwas als singulär zählt, dann hat es Vorteile. Dann bekommt es Aufmerksamkeit und Anerkennung. Diese Singularität ist aber eben ein sozialer Fabrikationsprozess und liegt nicht objektiv vor.

Wir schreiben manchen Dingen Besonderheit zu und sprechen es anderen wiederum ab. Da gibt es auch im Arbeitsbereich einerseits die Arbeit, die einen sichtbar unterscheidet, die auf Differenz setzt, somit heraussticht und deswegen vielleicht viel Anerkennung bekommt, und auf der anderen Seite haben wir die Normalisierungsarbeit, die auf Routinearbeit setzt, wo alle eher das Gleiche machen. Diese standardisierte Tätigkeit gilt nicht als singulär, sie bleibt unsichtbar und hat mit entsprechenden Nachteilen zu kämpfen. Die Singularitätszuschreibung ist etwas, was Gewinner und Verlierer hervorbringt.

*** Krell ***

Sich als Individuum diesem System und diesen Bewertungspraktiken zu entziehen, ist wahrscheinlich extrem schwierig, wenn auch wahrscheinlich nicht unmöglich.

*** Reckwitz ***

Singularität ist nicht nur eine Chance, sondern

eben auch eine Erwartung. Als die Romantik die Kultur der Einzigartigkeiten »erfunden« hat, erschien dies als Befreiungsprozess. Um 1800 gab es erstmals die Emphase einer Besonderheitskultur, dass man Individuen auf einmal als etwas Einzigartiges betrachtet hat – zuvor schon bei Rousseau – und es wurden dann auch Dinge als einzigartig entdeckt, pittoreske Orte, die handwerklichen Tätigkeiten, die Natur, die Religion, selbst die Völker und Nationen und so weiter.

» In der industriellen Moderne war ein Bewertungssystem leitend, das stark das Allgemeine prämiert hat, also das, was für alle gleich gilt. In der Spätmoderne kehrt sich dies jedoch um: Nun wird ein Bewertungssystem leitend, welches das Besondere prämiert.

Man hat in der Romantik erstmals eine Zelebrierung von Besonderheiten erlebt, und dies erschien – vor dem Hintergrund einer mehr und mehr rationalisierten Welt – als Chance und Entwicklungspotenzial. Wir sollten die Besonderheiten in uns als Individuen im starken Sinne und in der Welt um uns herum entdecken, das war die Devise. In der Geschichte der Moderne war diese Kultur der Singularisierung eine Art Gegenkultur, eine Verheißung, endlich aus diesem Standardisierungsdruck des »ehernen Gehäuses der Hörigkeit« – wie es bei Max Weber über die Moderne hieß – auszubrechen und sich endlich als Besonderes entfalten zu können. In der Spätmoderne haben wir nun den Punkt erreicht, dass diese Kultur der Besonderheit selbst zu einer Art Mainstream, zu einer dominanten Kultur geworden ist, die auf institutionalisierten Bewertungssystemen beruht. Es gibt einen entsprechenden Erwartungsdruck: Man *kann* nicht nur, sondern man *soll* singulär sein. Das Ganze wird auch ökonomisch und medientechnologisch forciert, wie wir gesehen haben.

*** Krell ***

Dieser Besonderheit wohnte, zumindest historisch eine Form von Freiheit, ein gewisses Freiheitsversprechen inne, die Freisetzung aus einem Kollektiv.

*** Reckwitz ***

Ja. Die Moderne, die verspricht, dass der Einzelne frei werden kann, um seine Besonderheit zu entfalten oder die ganze Welt in ihren Besonderheiten wahrnehmen zu können. Ich denke, dass dieses Freiheitsversprechen auch weiterhin vorhanden ist. Das macht das Vertrackte dieser kulturellen Singularitäten aus: Es hat etwas Verheißungsvolles. Wer will denn nicht seine Einzigartigkeit entfalten, ganz »authentisch« er oder sie selbst sein? Gleichzeitig ist Besonderheit zur Norm geworden. Es gab vor einigen Jahren diesen treffenden Begriff von Marion von Osten bezüglich einer »Norm der Abweichung«. Also, die Abweichung ist nicht etwas, was man sich leistet, sondern etwas, was selbst erwartet wird – eine Abweichung, die im Rahmen des anerkannt Singulären bleiben muss, wohlgemerkt.

*** Krell ***

Lassen Sie uns noch darauf schauen, was diesen Wandlungsprozess politisch befördert hat. Sie sprechen da von Paradigmen.

*** Reckwitz ***

Richtig. Was wir gerade zu der Spätmoderne gesagt haben, bezog sich auf die ökonomische Ebene des polarisierten Postindustrialismus, es bezog sich auf die sozialstrukturelle Ebene, die neue Drei-Klassen-Gesellschaft. Es bezog sich mit der Digitalisierung auf die technologische Ebene und dann natürlich auch auf die kulturelle Ebene, die Kultur der Singularitäten. Aber die Transformation in Richtung spätmoderner Gesellschaft ist auch politisch angetrieben worden. Es gab einen politischen Paradigmenwechsel von der industriellen Moderne zur Spätmoderne. Der keynesianische Wohlfahrtsstaat der industriellen Moderne ist in der Spätmoderne seit den 1980er-Jahren aufgebrochen. Und was ist stattdessen entstanden? Einerseits der Neoliberalismus, die Politik eines »Wettbewerbsstaates«, wie Bob Jessop das nennt, in dem es primär darum geht, Marktstrukturen zu initiieren und die Position der eigenen Gesellschaft, der eigenen Region oder Stadt in einem globalen Wettbewerb zu stärken. Andererseits gab es gleichzeitig mit dem Aufschwung des Neoliberalismus auch einen Aufschwung des progressiven Liberalismus oder Linksliberalismus, der an der Stärkung individueller Persönlichkeitsrechte ansetzt. Der Staat sollte die Entfaltung der Persönlichkeit des Einzelnen oder von einzelnen Gruppen ermöglichen, auch etwa Benachteiligungen beseitigen. Dies sind zwei Fraktionen eines Dynamisierungsliberalismus oder eines öffnenden (apertistischen) Liberalismus seit den 1980er-Jahren, der die strikte Formierung der industriellen Moderne aufgebrochen hatte: aus Sicht der Neoliberalen aufgebrochen zugunsten eines Wettbewerbsgedankens und aus Sicht der Linksliberalen aufgebrochen zugunsten einer Stärkung der Persönlichkeitsrechte von Individuen und Gruppen. Für beide mündete die industrielle Moderne gewissermaßen in verkrustete Verhältnisse, in die nun mehr soziale Dynamik hineinzubringen ist. Dieser Dynamisierungsliberalismus hat die Prozesse, die wir vorhin genannt haben, gefördert: zum Beispiel die Deindustrialisierung und Postindustrialisierung, die Entfaltung eines weitgehend unkontrollierten digitalen Raums, einen Lebensstil, der auf Selbstentfaltung setzt und der etwa rechtlich eine Gleichberechtigung der Geschlechter und sexueller Minderheiten voraussetzt. Keinesfalls sollte man die Struktur der spätmodernen Gesellschaft jedoch als ein bloßes Produkt der Politik, ein Resultat »des Neoliberalismus«, wie manche meinen, sehen. Eine solche Lesart würde die Rolle und den Stellenwert der Politik deutlich überschätzen. Gesellschaftliche Entwicklung ist in der Moderne nie einfach eins-zu-eins ein Produkt politischer Planung. Es gibt auch eine enorme gesellschaftliche Eigendynamik jenseits des Staates, eine Dynamik der Ökonomie, der Kultur, der Technologie.

*** Krell ***

Es gibt ja das Bonmot, das Prognosen schwierig sind, insbesondere wenn sie die Zukunft betreffen. Einerseits setzt dieser Dynamisierungsliberalismus den Einzelnen unter Druck, nicht nur in einem Wettbewerbsstaat, sondern in einer Wettbewerbsgesellschaft, und andererseits sind unterschiedliche kulturelle Ausdrucksformen viel eher möglich.

*** Reckwitz ***

Diese Ambivalenz ist tatsächlich charakteristisch für die Spätmoderne: Aufbrechen des Alten und der Druck neuer Strukturen gehen Hand in Hand. In der Endphase der industriellen Moderne erschien sie als eine Gesellschaft, die die Freiheit eingeschränkt hat. Plastisch formuliert, waren Margaret Thatcher und die 68er eigentlich Geschwister im Geiste, weil von Thatcher und vom Neoliberalismus Kritik an der vorgeblichen Rigidität der keynesianischen Wirtschaft geübt wurde und die 68er die Freiheitseinschränkungen im kulturellen Bereich kritisiert haben. Dies ist eine Parallelität von zwei ganz unterschiedlichen politischen Lagern, die dann beide als kleinsten gemeinsamen Nenner die Kritik an der Überregelung der industriellen Moderne geteilt haben. Hier gab es also eine Tendenz zur Öffnung von Möglichkeiten: neue Unternehmen, neuer Konsum, neue Identitäten, neue Selbsterfahrungen.

» Es gibt einen entsprechenden Erwartungsdruck: Man kann nicht nur, sondern man soll singulär sein.

Aber zugleich: Die Erwartungsstruktur der Gesellschaft der Singularitäten bedeutet, dass man sich auch permanent in Wettbewerbsstrukturen bewegen muss und ebenso, dass sich das »Projekt des eigenen Selbst« als Aufgabe jedes Einzelnen stellt. Mittlerweile gibt es schon wieder die Neigung, dass die industrielle Moderne nostalgisch verklärt wird: weil dort doch vorgeblich manches einfacher gewesen sei.

*** Krell ***

Wenn man nun sozialstrukturell auf die spätmoderne Gesellschaft schaut, dann gibt es da drei große Gruppen, die Sie beschreiben – neue Mittelklasse, alte Mittelklasse, neue Unterklasse –, und es existieren erhebliche Spannungen. Sie sagen, es gibt keinen Fahrstuhleffekt der Sozialstruktur mehr, das berühmte Bild von Ulrich Beck, sondern einen Paternostereffekt. Es geht nicht mehr nur »hoch« für die gesamte Gesellschaft, sondern es geht für einige »hoch« und für einige auch wieder »runter«. Welche Spannungen liegen in dieser Gesellschaft?

*** Reckwitz ***

Ich denke, dass durch die Entwicklung seit 2010 die Spannungen und die problematischen Folgen der Entwicklung zur Spätmoderne in der öffentlichen Wahrnehmung immer deutlicher geworden sind. Davor hatte man eine Zeit lang, nach dem Fall der Mauer, einen dominanten Fortschrittsdiskurs, der suggerierte, dass eine unilinear positive Entwicklung zu mehr Globalisierung, zur Wissensgesellschaft, zur digitalen Gesellschaft bevorsteht. Das schien der pure Fortschritt zu sein, erweist sich jetzt aber als Illusion.

Aber was sind diese Probleme der spätmodernen Gesellschaft? Der Paternostereffekt scheint mir zentral. Eine Gruppe in der Gesellschaft fährt nach oben, und zwar nicht nur die berühmt-berüchtigten Superreichen, die von ihrem Vermögen leben, sondern eben auch die vorhin genannte neue Mittelklasse. Das ist eine Gruppe vor allem von Akademikern und Akademikerinnen, viele auch Bildungsaufsteiger, darunter auch viele erfolgreiche Frauen. Das kulturelle Kapital ermöglicht neue Freiheiten, räumliche Mobilität, internationale Biografien, eine Ausschöpfung der Angebote des kulturellen Kapitalismus. Die Globalisierung und Liberalisierung begleitet man mit Wohlwollen oder treibt sie gar selbst voran. Die neuen Werte der Spätmoderne, das Gesundheitsbewusstsein und die emotionale Intelligenz, die intensive Elternschaft, das lebenslange Lernen und die Selbstverantwortung, die Mobilität, das Stilbewusstsein und das ökologische Bewusstsein (so auch die Sensibilität für den Klimawandel) – das alles wird von der neuen Mittelklasse getragen.

» Die neue Mittelklasse führt einen Lebensstil, der stark auf Selbstentfaltung und Selbstverwirklichung ausgerichtet ist, auf Werte wie Authentizität, Kreativität, Selbsterfahrung, ästhetische und ethische Werte.

Im Paternoster nach oben fahren, heißt gar nicht zwangsläufig, dass man mehr Geld verdient als die Generation zuvor, sondern dass man Freiheitsgewinne nutzt, auch dass man sich symbolisch aufgewertet sieht: als Speerspitze der Gesellschaft von heute und von morgen. In den anderen Segmenten der Gesellschaft sieht es aber anders aus. Es gibt in allen westlichen Ländern eine neue prekäre Klasse, eine neue Unterklasse, die sich lange im Windschatten der öffentlichen Wahrnehmung bewegt hat: die neue *Service Class*, der Niedriglohnsektor. Jetzt in der Corona-Krise sind Teile von ihr sichtbar geworden und erscheinen sogar systemrelevant. Aber grundsätzlich leidet dieses Segment, vergleicht man es mit der etablierten Arbeiterschaft der industriellen Moderne, an sozialer Deklassierung. Dann gibt es die traditionelle Mittelklasse, die teilweise materiell noch ganz gut situiert ist, aber wo sich mehr und mehr Formen von Verunsicherung, Verbitterung und Ressentiment niederschlagen, die sich teilweise auch im Populismus oder Protesten wie den Gelbwesten in Frankreich oder bei den Trump-Anhängern in den USA ausdrücken. Die alte Mittelklasse hat mittlere Bildungsabschlüsse und Berufe, viele leben in Kleinstädten, man vertritt die klassische Formel der Mittelklasse: Ordnung und Status. Es ist zentral zu sehen, dass es auch hier bei Weitem nicht nur um materielle Fragen, sondern erheblich auch um kulturelle Anerkennungsfragen geht. Die traditionelle Mittelklasse sieht einige ihrer Anerkennungsparameter – zum Beispiel mittlere Bildung, mittlere Berufe, Ehe mit klassischer Rollenverteilung, Sesshaftigkeit und Verbindung vor Ort – schwinden. Die eigene Identität wird brüchig, es scheint, dass man die gesellschaftliche Entwicklung nicht mitgestaltet, sondern diese einen überrollt: die Globalisierung, die Akademisierung, die Emanzipation, die Selbstentfaltungswünsche, die Migrationsprozesse, die Notwendigkeit ökologischer Politik durch den Klimawandel. Wie es die amerikanische Soziologin Arlie Russel Hochschild in *Strangers in Their Own Land* eindrücklich schildert, hat man hier teilweise das Gefühl, mit seinen eigenen Leistungen nicht anerkannt und von anderen – der Regierung, den Akademikern, den Migranten – übervorteilt zu werden. Die Spaltung zwischen neuer und alter

Mittelklasse hat auch einen räumlichen Aspekt, nämlich die Stadt-Land-Diskrepanz: einerseits der Boom der Metropolregionen mit ihrer Wissensökonomie, wo auch die neue Mittelklasse beheimatet ist, andererseits die Tendenz zu den abgehängten ländlichen Regionen, die unter Braindrain leiden – also dass der talentierte Nachwuchs in die Städte zieht – und unter einer Erosion der Infrastruktur. Das ist in den USA, in Großbritannien und Frankreich besonders stark, in Westdeutschland wohl etwas schwächer, aber in Ostdeutschland auch sehr sichtbar.

*** Krell ***

Eine neue Klassengesellschaft entsteht, und zwar eine, die nicht nur durch soziale Ungleichheiten geprägt ist, sondern auch durch ungleiche Formen von Anerkennung, und das berührt sehr die Identität der Individuen.

*** Reckwitz ***

Exakt. Wobei die materiellen und die kulturell-symbolischen Fragen teilweise eng miteinander verflochten sind. Die materielle Deklassierung der *Service Class* etwa geht Hand in Hand mit einem Identitätsverlust: In welchem Maße verspricht eine körperliche Arbeit in den Services überhaupt noch Anerkennung in einer Gesellschaft, welche die höhere Bildung und die Kopfarbeit prämiert? Offenbar kaum.

*** Krell ***

Das ist nicht voneinander zu trennen und führt beides zu gesellschaftlichen Spannungen. Wir haben uns ja vorgenommen zu schauen, wie Corona auf diese Gesellschaft wirkt, und das geht mit einigen Fragen einher. Endet die Spätmoderne mit der Corona-Krise? Sind wir am Anfang von etwas Neuem, und wo führt uns das hin? Wie tief schätzen Sie die langfristigen Folgen der Krise ein?

*** Reckwitz ***

Die Fragen kann Ihnen niemand abschließend beantworten, die Zukunft ist offen. Ich bin aber auch aus soziologischer Sicht skeptisch, davon auszugehen, dass ein einzelnes Ereignis wie die Corona-Krise die gesamte Struktur der Gesellschaft umwälzt. Es besteht eine große Neigung in der öffentlichen Wahrnehmung, den sozialen Wandel mit herausgehobenen Ereignissen zu identifizieren. An dem Ereignis macht man eine persönliche Erfahrung fest oder es wird in den Medien darüber berichtet. Ein gutes Beispiel sind etwa die Studentenproteste von 1968. Sie erscheinen wie eine Wasserscheide, nach der ein kultureller Wandel eingesetzt habe, ein gesellschaftlicher Liberalisierungsprozess. Wenn man genauer hinschaut, sieht man aber, dass der kulturelle Wandel schon vorher eingesetzt hat – etwa in den Jugendkulturen der 1950er- und 1960er-Jahre – und dass die eigentlich wirkungsmächtige Transformation weniger spektakulär, aber auf breiterer Basis danach in den 1970er-Jahren stattfand, in Form einer *silent revolution* der Werte, wie Ronald Inglehart das nannte. Das Ereignis »1968« ist so eher ein Symbol des Wandels. Es hat den Wandel nicht in die Welt gesetzt, sondern ihm kommt eher eine Katalysatorfunktion zu. Andere scheinbar wichtige Ereignisse erweisen sich hingegen aus der Rückschau nicht als Katalysator. Es ist ja im letzten Jahr viel von der Spanischen Grippe 1918/1920 die Rede gewesen: zweifellos eine einschneidende Pandemie, aber offenbar ohne große gesellschaftliche Folgen jenseits des schrecklichen Faktums des massenhaften Sterbens. Oder die Mondlandung im Juli 1969: Die Zeitgenossen haben sie als Symbol wahrgenommen und vermutet, dass danach etwas Neues einsetzt – in der Rückschau ist das aber kaum der Fall.

Jetzt kann man natürlich die Frage stellen, ob die Corona-Krise ein neuer Katalysator für einen gesellschaftlichen Wandel ist. Ich würde zunächst vermuten, dass die Spätmoderne mit der Corona-Krise nicht zu Ende geht, sondern dass im Gegenteil nun viele Strukturmerkmale und Probleme der Spätmoderne deutlicher werden oder sich verstärken. Man kann aber auch beobachten, dass infolge der Corona-Krise die Kritik an einigen Merkmalen der Spätmoderne neue Fahrt aufnimmt. Dies gilt vor allem für eine politische Kritik am Dynamisierungsliberalismus, also an einer Politik, die vor allen Dingen darauf aus ist, zu deregulieren, den Märkten und den subjektiven Rechten das Feld zu überlassen und staatliche Steuerungsfunktionen eher zurückzufahren. Denn in der Corona-Krise gerät der Staat gezwungenermaßen in eine deutlich aktivere Rolle. Vor diesem Hintergrund erscheint der Dynamisierungsliberalismus nicht mehr besonders problemlösend, und für manche stellt sich die Frage nach einem Politikwechsel. Ob dieser tatsächlich kommt, ist natürlich eine offene Frage.

Ich möchte aber betonen, selbst ein solcher Politikwechsel würde nicht das Ende einer bestimmten Gesellschaftsform bedeuten. Die Gesellschaft ist schließlich nicht auf Staat und Politik zu reduzieren, und Letztere sind in der westlichen Moderne auch nicht in der Lage, die gesamte Gesellschaft zentral zu steuern. Das, was wir Gesellschaft nennen, setzt sich vielmehr aus verschiedenen sozialen Feldern, Dimensionen und Prozessen zusammen. Neben der Politik spielt die Ökonomie natürlich eine zentrale Rolle. Aber auch für die Sozialstruktur der sozialen Gruppen, den kulturellen Wandel und die technologische Entwicklung gilt – sie alle haben ihre eigene Logik. Das sind selbst dynamische Prozesse, die einander auch beeinflussen, die aber nicht *top down* von einem Staat gesteuert werden. Die Entstehung der spätmodernen Sozialstruktur, über die wir vorhin gesprochen haben, und die ganze Struktur einer Gesellschaft der Singularitäten beispielsweise hing von vielen Faktoren ab, sie war aber von niemandem intendiert und geplant. Aber Politik und Staat haben natürlich zumindest einen Einfluss darauf, und ein Wandel von Staatlichkeit würde auch die Form der Spätmoderne in eine neue Phase führen. Irgendwann wird die Spätmoderne sicherlich an ein Ende kommen, so wie die industrielle Moderne an ein Ende gekommen ist. Insofern ist es nicht ausgeschlossen, dass wir vielleicht in 50 Jahren sagen werden, die Corona-Krise war ein Vorzeichen für das Ende der Spätmoderne, aber da wäre ich im Moment wirklich sehr vorsichtig, solch eine These zu vertreten.

*** Krell ***

Das können wir zum jetzigen Zeitpunkt nicht überschauen. Was aber doch klar zu sein scheint ist, dass diese Vorstellungen von einem Dynamisierungsliberalismus zu unerwünschten Ergebnissen geführt haben und diese jetzt in der Corona-Situation besonders deutlich werden. Zum Beispiel die heruntergefahrene Infrastruktur des Staates und Ähnliches.

*** Reckwitz ***

Ich denke, an zwei Punkten kann man sehr deutlich erkennen, dass der Dynamisierungsliberalimus in eine Sackgasse geraten ist. Das eine Problem ist die Vernachlässigung öffentlicher Infrastruktur als ein Ergebnis des Paradigmenwechsels vom Wohlfahrtsstaat zum Wettbewerbsstaat. Ein Beispiel ist der Gesundheitssektor, ein Bereich, der in der Corona-Situation besonders wichtig ist, und wenn ein sehr schwaches öffentliches Gesundheitssystem herrscht, dann sind auch die Reaktionen auf die Pandemie entsprechend ineffizient.

» Ich würde zunächst vermuten, dass die Spätmoderne mit der Corona-Krise nicht zu Ende geht, sondern dass im Gegenteil nun viele Strukturmerkmale und Probleme der Spätmoderne deutlicher werden oder sich auch verstärken.

Staaten, die ein gut organisiertes öffentliches Gesundheitssystem haben – wie wir es im Frühjahr 2021 beispielhaft in Israel und seiner sehr effizienten Impfkampagne sehen –, stehen in dieser Krise besser da. Damit werden beispielhaft die gesellschaftlichen Kosten für eine Vernachlässigung der Infrastruktur öffentlicher Güter sichtbar. Das gilt potenziell auch für andere öffentliche Güter, etwa in der Bildung, der Verwaltung oder im Verkehr. Gefordert ist hier nicht unbedingt ein starker Staat, aber ein gut organisierter, ein »smarter« Staat. Ein zweites Problem der Spätmoderne, das in der Corona-Krise sehr deutlich wird, ist die Auseinanderentwicklung der Segmente der spätmodernen Sozialstruktur zwischen Modernisierungsgewinnern und -verlierern, über die wir sprachen, insbesondere die Polarität zwischen der *Professional Class* der Wissensökonomie, also der neuen Mittelklasse einerseits, und der *Service Class* der einfachen Dienstleistungen andererseits. In der Corona-Krise ist dieser Gegensatz geradezu symbolhaft deutlich geworden, aber er bezeichnet zwei sehr unterschiedliche handfeste Umgangsweisen mit der Pandemie in der Arbeitswelt. Auf der einen Seite haben wir die neue Welt der digitalen Zoomkonferenzen und die neue Prominenz des Homeoffice. Das liegt auf der Hand: Die *knowledge worker* können ihre Arbeit prinzipiell sehr häufig ins heimische Büro verlegen, die Kommunikation mit anderen kann digital erfolgen.

Natürlich: Für die Beschäftigten in der öffentlichkeitsorientierten Kulturbranche sieht das ganz anders aus. Aber die Hochqualifizierten scheinen insgesamt recht gut durch die Krise zu kommen – zum Glück für die Ökonomie. Manche berichten sogar von neuen Entschleunigungs- und Resonanzerfahrungen durch ihr langsameres Leben. Auf der anderen Seite ist die *Service Class*, die entweder vor dem Ruin steht, weil die Jobs weggefallen sind, beispielsweise im Tourismus oder in der Gastronomie, oder aber die jetzt – weil systemrelevant – besonders gefordert ist. Ob als Erntehelfer, in der Krankenpflege oder als Supermarktkassierer, es wird auf einmal sichtbar, welcher gesundheitlichen Belastung die Arbeiter gerade jetzt ausgesetzt sind. Die *Service Class*, die eher gesellschaftlich unsichtbar war, wird nun verstärkt sichtbar. Also: Es gibt in der Krise sehr unterschiedliche Grade der Verletzlichkeit, der Vulnerabilität, und darin drückt sich die polarisierte spätmoderne Sozialstruktur aus.

*** Krell ***

Es wird deutlicher, in welcher Welt wir leben. Sie haben schon vor Corona ein Plädoyer für eine andere Form von Liberalismus entwickelt. Einen einbettenden Liberalismus, der gerade in diesen krisenhaften Momenten besonders an Bedeutung gewinnt. Es geht unter anderem darum, Infrastruktur auszubauen und die Rolle des Staates zu stärken. Was ist denn, davon ausgehend, Ihre Vorstellung einer Alternative? Wie machen wir unser System krisenfester?

*** Reckwitz ***

Ich denke, als Soziologe ist man eher für die Probleme zuständig und nicht so sehr für die Lösungen, aber völlig heraushalten kann man sich natürlich nicht. Zunächst einmal kann es sicherlich sein, dass sich politisch kaum etwas ändert. Die spätmodernen Strukturen laufen einfach weiter, selbst wenn manches mittlerweile problematisch erscheint. Das wäre eine Struktur der Stagnation, eine Art gesellschaftlicher »Immobilismus«, wie er gar nicht unwahrscheinlich ist, wenn man etwa in die USA oder nach Frankreich schaut. Da gibt es zwar zuhauf Proteste und Symbolpolitik, aber an der gesellschaftlichen Struktur ändert dies offenbar nichts. Es gibt aber natürlich eine andere Möglichkeit: dass ein politisches Paradigma durch ein neues ersetzt wird, wenn Ersteres mehr Probleme schafft, als es löst. Das wäre eine optimistischere Perspektive: die Politik als eine Sequenz von Problemlösungsformeln. Das kann man auch auf die Geschichte anwenden: Das Modell des keynesianischen Wohlfahrtsstaates, also das große Regulierungsparadigma nach 1945, erschien lange Zeit sehr attraktiv und hat auch gesellschaftliche Probleme gelöst, etwa Vollbeschäftigung und Massenwohlstand erreicht. In den 1970er- und 1980er-Jahren erschien dieses Paradigma dann von links bis rechts immer problematischer: als ein Korsett, das wirtschaftlichen und soziokulturellen Fortschritt behindert. Dann hat man auf ein neues Paradigma gesetzt, auf den Dynamisierungsliberalismus, der zunächst sehr attraktiv erschien und der auch einiges erreicht hat, eine leistungsfähige, global vernetzte postindustrielle Ökonomie – damit auch ein wirtschaftlicher Aufschwung in Teilen des globalen Südens – und eine liberalere, offenere Gesellschaft. In den letzten zehn Jahren hat sich diese Perspektive allerdings auch geändert. Wir sehen immer mehr Probleme, die durch dieses Paradigma nicht gelöst werden, die neuen sozialen Ungleichheiten, die Staatsschwäche, die kulturelle Desintegration. Es könnte also ein neuer politischer Paradigmenwechsel anstehen, der auf diese neuen Problemlagen antwortet.

» Das eine Problem ist die Vernachlässigung öffentlicher Infrastruktur als ein Ergebnis des Paradigmenwechsels vom Wohlfahrtsstaat zum Wettbewerbsstaat.

Wobei das Interessante ist, dass diese Wechsel in der Vergangenheit quer zu der Links-rechts-Unterscheidung stattgefunden haben. Unser zentrales Strukturierungsmerkmal, auch in historischen Darstellungen, ist bekanntlich der Regierungswechsel von links nach rechts oder von rechts nach links. Das scheint als das, was die Geschichte strukturiert. Ich denke aber, dass der genannte Wechsel von politischen Paradigmen viel abstrakter ist und das gesamte Feld von links bis rechts umfasst. Nicht jeder Regierungswechsel ist auch ein Paradigmenwechsel, bestimmte politische Paradigmen wirken vielmehr langfristig auch über Regierungswechsel hinweg. Das war auch in der Vergangenheit so: Das keynesianische Regierungsmodell haben die Sozialdemokraten ebenso vertreten wie die Christdemokraten oder die Republikaner in den USA. Der Dynamisierungsliberalismus ist nicht nur die Politik von Thatcher und Reagan, sondern auch die von Blair und Schröder. Wenn jetzt ein neues Paradigma entstehen sollte, dann würde das möglicherweise auch eines sein, das das gesamte politische Spektrum umfasst, von Mitte-links bis Mitte-rechts. Aber in welche Richtung?

Aus der historischen Rückschau auf die Politik seit 1945 würde ich sagen, dass die Regierungsformen immer auf eine Art Leitproblem reagieren. Es geht immer um Ordnung oder Dynamik. Entweder die Gesellschaft erscheint zu chaotisch und muss reguliert werden, oder die Gesellschaft erscheint zu formiert und zu starr und muss aufgebrochen, in Bewegung gesetzt werden. Vieles deutet darauf hin, dass heute, in der Zeit um 2020, die politische Regulierung wieder stärker gefordert ist und dass die Dynamiken der letzten Jahrzehnte eines staatlichen Eingriffes bedürfen. In den 1970er-Jahren gab es eine Überregulierungskrise, heute gibt es eine Überdynamisierungskrise. Es stellt sich natürlich die Frage, in welchem Verhältnis Regulierung und Dynamisierung zueinanderstehen sollten, denn es gibt auch Regulierungs-Fantasmen im Populismus, und gerade der Populismus ist in vieler Hinsicht ein Symptom dieser Krise des Dynamisierungsliberalismus. Die populistische Antwort ist die Idee einer Rückentwicklung der Spätmoderne zu einer Nationalgesellschaft und Nationalkultur der 1950er- und 1960er-Jahre. Ein starker Staat, der zum Beispiel versucht, Globalisierung zu vermeiden. Das wäre die antiliberale Version einer Regulierung. Wenn im nicht-populistischen Bereich, also von Mitte-links bis Mitte-rechts, eine neue Form von Regulierungsparadigma entsteht, dann wäre es hingegen eines, das die Vorzüge der Dynamisierung der letzten Jahrzehnte bewahrt. Ich schlage für ein solches Paradigma den Begriff des »einbettenden Liberalismus« vor. Gemeint ist ein Paradigma, welches sozialökonomische und sozialkulturelle Entwicklungen sozial und regulierend einbettet, ohne nun auf die »Öffnung« der Vergangenheit mit einer rigiden »Schließung« zu reagieren. Deswegen der Begriff Liberalismus. Das wäre eine Politik, die mit autonomen Dynamiken der globalen Ökonomie oder kulturellen Prozessen, wie den Migrationsprozessen, rechnet und nicht versucht, diese abzuwürgen. Es kommt auf eine Balance zwischen Dynamik und Regulierung an.

*** Krell ***

Es scheint offenbar ein weit verbreitetes Bedürfnis nach Kontrolle, nach Steuerung, nach Regulierung zu geben. Im Zuge der Brexit-Debatte fand ich diesen Slogan der Brexiteers *Take Back Control* sehr eindrucksvoll.

*** Reckwitz ***

Gerade in der traditionellen Mittelklasse und in der prekären Klasse findet man Geschichten von Kontrollverlust, und ich würde vermuten, dass man solche Elemente mittlerweile auch in der neuen Mittelklasse sieht. Wenn sich zum Beispiel die Wohnungsmärkte in den Metropolen so entwickeln, dass das Leben auch für die neue Mittelklasse nicht mehr finanzierbar ist, wird auch da ein Regulierungswunsch stärker. Ich würde das also nicht als irrationales Empfinden abtun, sondern als reale Verschiebung des Problemhaushalts der Gesellschaft anerkennen.

*** Krell ***

Vielleicht sind wir da am Anfang eines neuen Paradigmas, oder vielleicht sind wir da auch schon einen Schritt vorangekommen, wenn wir auf das größte Investitionspaket etwa schauen, das es je in der Geschichte der Bundesrepublik gab. Staatliche Aktivität wird durch Corona offenbar sehr viel mehr geschätzt. Sie wird notwendig und akzeptiert.

*** Reckwitz ***

Genau. Das ist natürlich zunächst einmal eine Ausnahmesituation, wie auch in der Finanzkrise nach 2008. In der Krisensituation ist der Staat gefragt, danach könnte er sich aber auch wieder zurückziehen, und in gewissem Umfang wird er das wohl auch tun müssen. Ich denke aber trotzdem, dass auch über Corona hinaus, etwa im Bereich der Infrastrukturpolitik überlegt werden sollte, was einerseits ein rein marktorientierter Liberalismus oder andererseits ein einbettender Liberalismus bedeuten müsste. Das ist schon vielerorts diskutiert worden, zum Beispiel von dem *Foundational Economy Collective* in England, wo die *Infrastructure Politics* stark gemacht wurde – eine Politik, die sich stärker um öffentliche Güter kümmert. Das ist nicht unbedingt der klassische All-inclusive-Wohlfahrtsstaat, es geht eigentlich eher darum, eine Art Grundversorgung in der Gesellschaft mit öffentlichen Gütern zu sichern, was Energie, Verkehr, Wohnen, Gesundheit, Bildung und natürlich auch Krisenmanagement und Katastrophenmanagement angeht. Ein weiteres Element einer künftigen Staatlichkeit wäre ein Staat, der aktive Risikopolitik betreibt, der mit bestimmten Risiken rechnet und versucht, diese über Präventionsmaßnahmen abzuwenden – wie Gesundheitsrisiken, digitale Risiken oder auch und gerade Risiken des Klimawandels, welche immer wichtiger werden.

Man muss allerdings feststellen, dass der Modus der Risikopolitik in vieler Hinsicht der einer defensiven Politik ist. Der Risikopolitik geht es nicht so sehr darum, einen positiven Zustand zu erreichen – wie etwa Wohlstand oder Autonomie –, sondern einen negativen Zustand zu vermeiden, etwa kommende Pandemien. Insofern ist das Fortschrittsversprechen des einbettenden Liberalismus hier sehr viel zurückhaltender im Verhältnis zu dem des Dynamisierungsliberalismus oder auch des keynesianischen Wohlfahrtsstaat. Es ist die Frage, ob dieses reduzierte Fortschrittsversprechen der Gesellschaft ausreicht.

» **Es ist eine der großen Herausforderung, als moderne Gesellschaften ohne Fortschrittshoffnungen, ohne ein unilineares »Besser« in der Zukunft zu leben.**

Man kann es aber auch positiver wenden: Der einbettende Liberalismus erkennt in der spätmodernen Gesellschaft einen Mangel am »Allgemeinen« und versucht eine Rekonstruktion eines solchen Allgemeinen, sowohl auf der Ebene öffentlicher Güter als auch der Kultur. Das ist ein weiterer Bereich, der einerseits wichtig, andererseits aber auch sehr schwierig ist, die gesamte Frage von kultureller Desintegration, Erosion sozialer Normen und Mangel an kultureller Anerkennung. Sehr virulent ist dies mittlerweile bei der digitalen Kommunikation, in der eine Aggressivität und verbale Gewalt Einzug gehalten hat – besonders übrigens gegen Frauen –, die ein erhebliches Ausmaß angenommen hat. Jene moderne Affektkontrolle, von der Norbert Elias sprach, macht teilweise einer Enthemmung Platz, so dass auch gewaltsame Ausbrüche wie der Sturm auf das amerikanische Kapitol am 6. Januar 2021 nur die Spitze des Eisberges darstellen. Das ist nur ein Symbol für eine Affektpolitik, wie sie der indische Intellektuelle Pankaj Mishra treffend als die eines »Zeitalters des Zorns« umschrieben hat. Wie lässt sich der Erosion ziviler Normen entgegensteuern? Da sehen wir einen zentralen Problemherd, wo staatliche Maßnahmen an ihre Grenzen stoßen und die Zivilgesellschaft gefragt ist, aber wo auch die Politik problemsensibel werden müsste.

* Krell *
Das ist dann letztlich eine Voraussetzung für gesellschaftliche Integration.

* Reckwitz *
Genau, das ist die schwierige Balance. Die spätmoderne Gesellschaft ist eine sehr heterogene Gesellschaft, viel heterogener als die Gesellschaft der industriellen Moderne. Das hat seinen Ursprung nicht nur in den Migrationsprozessen – die an dieser Stelle häufig gerne genannt werden –, sie hat auch ihren Grund in einer Pluralisierung der Lebensstile und der neuen soziokulturellen Klassenbildung nach dem Ende der nivellierten Mittelstandsgesellschaft und natürlich in der immer weiter voranschreitenden Singularisierung von Individuen und Communities. Diese Heterogenität ist ein Grundtatbestand einer entfalteten Moderne, aber sie bedeutet eben nicht nur erfreuliche Pluralität, sondern auch eine soziale Asymmetrie von Anerkennung. Es stellt sich in den letzten zehn Jahren zunehmend die Fra-

ge, wie inmitten dieser heterogenen Gesellschaft bestimmte Strukturen und Regeln des Allgemeinen gemeinsam ausgehandelt und in die Tat umgesetzt werden. Das scheint eine große Herausforderung der spätmodernen Gesellschaft zu Beginn des 21. Jahrhunderts sein, diese beiden Ebenen zusammen zu bringen: die Differenzen der Heterogenität und eine gesellschaftliche Allgemeinheit, die für alle gilt.

*** Krell ***

Das ist spannend. Wie schätzen Sie die Folgen der Krise für jüngere Generationen ein, die nun eine Krisenerfahrung gemacht haben und vielleicht lieber wieder Sicherheiten suchen, wieder ein Leben von der Stange möchten? Das schließt etwas an das an, was Sie als allgemeines Produzieren beschrieben haben, eine Renaissance des Allgemeinen.

*** Reckwitz ***

Das ist sehr schwer zu sagen. Ich würde eher wahrnehmen, dass gerade die jüngere Generation die Kultur der Singularitäten besonders forciert hat, das wird auch in den Milieuanalysen etwa des Heidelberger SINUS-Instituts deutlich. Der Selbstentfaltungswunsch – »sein eigenes Ding machen«, global unterwegs sein, seine Leidenschaften und Interessen auszuprobieren – ist in dieser Generation besonders stark und so selbstverständlich, dass man ihn gar nicht mehr thematisieren muss. Ich denke, dass diese Kultur der Selbstentfaltung mehr und mehr von den meisten geteilt wird. Natürlich kann es immer wieder kurzfristige Veränderungen geben, auch als Reaktion auf bestimmte Ereignisse. Verunsicherungen, auch ökonomische Verunsicherungen, die stattfinden, verändern die Generationserfahrungen. Es gibt aber auch generationsübergreifende Prägungen, und das, was wir die Kultur der Spätmoderne genannt haben, ist etwas, was schon seit mehreren Jahrzehnten prägend wirkt. Da gibt es ein paar Unterschiede zwischen den Generationen, die medial auch gerne thematisiert werden – Generation X, Generation Y, Generation Z –, aber eigentlich ist das eine ziemlich lang anhaltende Wirkung. Also ob mit Corona wirklich ein so starker Bruch einsetzt, dass die neue Generation komplett ihren kulturellen Kompass verändert, das würde ich doch eher bezweifeln. Im chinesischen Wuhan boomt die Freizeitkultur ein Jahr nach dem Lockdown ja auch wieder.

*** Krell ***

Was sich aber abzuzeichnen scheint, ist, dass es ein neues Bedürfnis nach Regulierung gibt und auch politische Akteure, die diesem Bedürfnis nachkommen. Das haben wir eben besprochen, und das würde ich gerne noch ein bisschen vertiefen. Wenn ich diesen Begriff der Paradigmen, den Sie verwandt haben, aufgreife, dann ist es ja so, dass der aktive Staat, der reguliert, keine politische Strömung wäre, sondern sozusagen ein Zeitgeistmoment, das alle erfasst. Gibt es denn mehrere Strömungen, von denen Sie sagen würden, dass diese die Entwicklung besonders forcieren würden?

* **Reckwitz** *

Es gibt in der politischen Linken ja schon seit einigen Jahren die Tendenz, stärker den Infrastrukturstaat einzufordern. Bernie Sanders in den USA, die Labour Party in England, oder auch die SPD der letzten Jahre spielen eine Rolle, wenn es dann darum geht, bestimmte Marktprozesse stärker zu regulieren und stärker entprekarisierend auf prekäre Arbeitsverhältnisse einzuwirken. Aber ich denke auch, dass regulierenden Tendenzen im Mitte-rechts-Spektrum, also im konservativen Spektrum, deutlich geworden sind. Wenn man sich zum Beispiel die Konservativen in England anschaut, haben diese nicht ohne Grund bei den letzten Wahlen in Nordengland, in den ehemaligen Industriebezirken, gewonnen. Sie haben sich stärker an die ehemaligen Industriearbeiter gewandt und eine sozialpolitische Ader entdeckt, die sie unter Thatcher überhaupt nicht hatten. Ich sehe das ähnlich, wenn ich mir die CDU in Deutschland anschaue. Was ich aber betonen möchte ist, dass die beiden Ebenen des Sozioökonomischen und des Soziokulturellen nicht zu trennen sind. Man muss sich klarmachen, dass eine Politik des Allgemeinen oder ein einbettender Liberalismus nicht nur eine Baustelle im sozioökonomischen Bereich – etwa wenn es um die Bereitstellung öffentlicher Güter geht – hat, sondern auch im soziokulturellen Bereich. Ich denke, dass sich da die Frage nach den Anerkennungsverhältnissen in der Gesellschaft und die Frage nach einer Art kultureller Integration trotz Heterogenität stellen. Das ist die Frage, die man klassischerweise unter der Überschrift des Gemeinsinns behandelt hätte, aber ich denke, es geht um geteilte Praktiken und reziproke Anerkennungsverhältnisse. Die häufig beklagte zunehmende Aggressivität des sozialen Lebens – bis hin zu den verbal-gewaltsamen Polarisierungen, die man nicht nur im Netz findet – ist ein wichtiges Indiz, dass es nicht nur um Geld und Güter geht, sondern dass gemeinsame kulturelle Praktiken erodieren. Und nicht selten stecken dahinter auch Anerkennungskonflikte. Auf der linken Seite des Spektrums neigt man dazu, diese kulturelle und symbolische Seite des Problems an den Rand zu drängen, weil die Linke traditionellerweise mehr über das Sozioökonomische nachdenkt. Der Grundansatz ist hier häufig, dass die sozioökonomischen Probleme primär gelöst werden müssen und dass alles andere nur Folgeprobleme sind. Das scheint mir aber ein Trugschluss zu sein, denn diese kulturelle Ebene von Anerkennung und Identität ist ein Politikum ersten Ranges: Die spätmoderne Kultur der Singularitäten lässt Anerkennungsprobleme entstehen, vor denen die Politik nicht die Augen verschließen kann.

» Diese Singularität ist aber eben ein sozialer Fabrikationsprozess und liegt nicht objektiv vor. Wir schreiben manchen Dingen Besonderheit zu und sprechen es anderen wiederum ab.

Auch der keynesianische Wohlfahrtsstaat der 1950er-, 1960er- und 1970er-Jahre hatte da, wo er attraktiv war, ja eine kulturelle Dimension, das sollte man nicht vergessen. Diese Idee vom »Volksheim« in der skandinavischen Sozialdemokratie enthielt eine kulturelle Vision. Ich denke, ohne die kulturelle Ebene wird man auch mit der politischen Linken nicht erfolgreich sein. Natürlich kann es nicht um ein Zurück zum homogenen Volksheim gehen, das ist passé. Aber eine reine *Bread-and-butter*-Politik würde unterkomplex bleiben.

*** Krell ***

Dieses Beispiel der Tories in Nordengland passt ganz wunderbar. Die haben sich der Arbeiterklasse nicht nur im Sinne materieller Politik zugewandt, sondern auch symbolische Anerkennung gezeigt, bis zu einem beinahe kumpelhaften Umgang, den Boris Johnson perfekt dargestellt hat.

*** Reckwitz ***

Genau das ist ja die Frage nach der sozialstrukturellen Basis künftiger Politik. Der Dynamisierungsliberalismus hat sehr stark die neue Mittelklasse als Basis, aber die Politik des Allgemeinen, eines einbettenden Liberalismus, müsste und kann auch in anderen Milieus der Gesellschaft auf Resonanz stoßen. Das wäre eben nicht nur die neue Mittelklasse in den Metropolen, sondern auch die traditionelle Mittelklasse und die prekäre Klasse, die hier zu adressieren sind, und zwar in einer nicht-populistischen Weise, also ohne eine Konfliktlinie »Volk versus Eliten« zu transportieren. Dies betrifft alle Parteien des demokratischen Spektrums, die Sozialdemokraten, die Christdemokraten oder Konservativen, die Liberalen, in Deutschland auch die Grünen, wenn sie mehr als eine Milieupartei sein wollen.

*** Krell ***

Die konkreten Instrumente in ökonomischer Hinsicht sind leichter vorstellbar, zumindest für mich, als dieser schwierige Balanceakt, den Sie beschrieben haben. Wie kann das den politischen Akteuren gelingen?

* **Reckwitz** *

Ich habe auch keine Patentrezepte parat. Teilweise erscheint es sogar ziemlich schwer, so etwas wie kulturelle Prozesse in der Gesellschaft politisch zu beeinflussen. Ein zentraler Punkt ist die erhebliche Anerkennungsdifferenz zwischen Kopfarbeit und Handarbeit in der postindustriellen Gesellschaft, die Hierarchie, die zwischen den Hoch- und den Niedrigqualifizierten herrscht, zwischen den Gewinnern und den Verlierern des Modernisierungsprozesses der letzten Jahrzehnte. Das ist das Problem einer »Meritokratie«, wie es schon Michael Young in den 1950er-Jahren hellsichtig thematisiert hat: Eine Leistungsgesellschaft tendiert dazu, die Erfolgreichen noch zusätzlich zu belohnen – »sie haben es sich verdient« -, während andere in ebenso gesellschaftlich wichtigen Berufen mit »geringerer« Qualifikation sich anhören müssen, sie »hätten nicht genug gemacht aus ihrem Leben«. Da zeichnet sich im Zuge der Corona-Krise eine interessante Diskussion über die Systemrelevanz der *Service*

Class ab. Man erkennt, dass das gesellschaftlich notwendige Arbeiten sind. Abgesehen von der materiellen Entlohnung ist die Symbolik der Anerkennung allerdings nicht leicht zu verändern. Andererseits gibt es schon Experimente, wenn man sich zum Beispiel den Schulbereich anschaut, wo man dann doch sieht, wie man auch vonseiten öffentlicher Institutionen mit kulturellen Differenzen gut umgehen kann und Normen der Reziprozität eingeübt werden. Es gibt ja viele Schulen, die vor der Herausforderung stehen, mit großer Heterogenität in der Schülerschaft umzugehen. Das gelingt, wenn etwa ein Schulklima des gegenseitigen Respekts geschaffen wird und man die Schule als gemeinsames Projekt des Lernens und Zusammenlebens versteht. Das sind Mikrokosmen, aber vielleicht sind es genau diese Mikrokosmen, zum Beispiel im Stadtteil oder in den einzelnen Institutionen, die Vorbildcharakter haben könnten für gemeinsame kulturelle Praktiken und eine gegenseitige Anerkennung auf Augenhöhe.

Es gab ja auch vor einiger Zeit den Vorschlag einer sozialen Dienstpflicht jenseits der ehemaligen Wehrpflicht. Das wäre ein Versuch in diese Richtung. Die Grundidee: Wir alle sind Teil dieser Gesellschaft und verpflichten uns für ein Jahr, ihr und konkreten anderen direkt zu »dienen«. Das muss gar nicht nur auf junge Erwachsene bezogen werden, sondern könnte ja auch die Bürger und Bürgerinnen mittleren Alters betreffen, die mitten im Beruf stehen. Ein Jahr lang geht man hinaus und leistet einen gesellschaftlichen Dienst jenseits des eigenen Milieus, der eigenen »Blase«, zusammen mit anderen: im sozialen Bereich, in der Bildung, im Umweltschutz, im Kulturbereich, im Katastrophenschutz oder der Stadtteilarbeit. Jeder nach seinen Möglichkeiten und für beide Seiten bereichernd. Die Dienstpflicht hat Vor- und Nachteile, und es geht jetzt nicht darum, ob ich selbst dafür oder dagegen bin. Aber das sind tastende Versuche, die in die Richtung Politik des Allgemeinen gehen. Auch um stärker klarzumachen, dass die verschiedenen Milieus in der Gesellschaft in einen Austausch gebracht werden müssen und es Interaktionsorte braucht, wo sie miteinander in Berührung kommen und füreinander sichtbar werden. Da ist sicher soziale Fantasie gefragt und bedarf auch zivilgesellschaftlicher Akteure, die das Ganze stützen.

*** Krell ***

Welche Akteure sind da denn in der Verantwortung? Wir haben über die begrenzte Einflussmöglichkeit von politischen Akteuren und über die Zivilgesellschaft gesprochen. Gibt es weitere?

*** Reckwitz ***

Momentan gibt es im politischen Feld der Spätmoderne ein Repräsentanzdefizit, das in diesem Zusammenhang problematisch ist. In den Parlamenten sind bestimmte Gruppen stärker vertreten als andere. Der Bundestag ist im Wesentlichen eine Akademikerveranstaltung. Etwa 90 % der Parlamentarier haben einen Hochschulabschluss, und das ist auch in anderen westlichen Ländern ähnlich. Die neue Mittelklasse ist also deutlich überrepräsentiert. Gerade die Sozialdemokratie war ja einmal eine Art Schmelztiegel, in dem sich unterschiedliche soziale Gruppen versammelt haben – etwa Akademiker oder Facharbeiter –, die über die Gewerkschaften kamen und auch eine gewisse Heterogenität der Gesellschaft wiederspiegelten. Diese Heterogenität scheint in den Parteien kaum noch vorhanden. Bestimmte Lebenswirklichkeiten werden nicht mehr repräsentiert, und man kennt sie nur noch vom Hörensagen oder vielleicht noch von den eigenen Eltern. Ich denke, dass sich die Parteien durchaus mehr darum kümmern müssten, gerade innerhalb der Parlamente mehr Heterogenität zu zeigen. Mittlerweile sind wir sehr stark dafür sensibilisiert, dass die Geschlechter ausgewogen repräsentiert sein sollen, da wird zu Recht genau hingeschaut. Aber auch was Vertreter oder Vertreterinnen der traditionellen Mittelklasse, der prekären Klasse oder auch von Migrantinnen und Migranten angeht, müsste dies problematisiert werden, diese Gruppen kommen kaum vor, sie müssen von anderen mitvertreten werden. Es geht nicht unbedingt um eine neue Quote, aber es geht darum, zu sensibilisieren, dass bestimmte Lebenswirklichkeiten in den Parlamenten gar nicht präsent sind.

*** Krell ***

Das führt ja nicht nur zu mangelnder Repräsentanz, sondern auch zu mangelnder Sichtbarkeit.

*** Reckwitz ***

Genau. Es geht auch um die Frage, ob man sich in seinen eigenen Repräsentanten wiedererkennen kann. Womit wir wieder bei der Identität sind. Das ist ein Nährboden für den Populismus, mit seinem Antagonismus Volk versus Elite. Es gibt dann den verächtlichen Diskurs über die vermeintlichen »kosmopolitischen Eliten«, die in den Parlamenten sitzen, in den Journalistenbüros, in den Universitäten, im Management. Nun ist natürlich die neue

Mittelklasse sehr viel größer als eine kleine Elite, aber wenn es einen rationalen Kern hinter diesen polemischen Angriffen gibt, dann ist es eben das Problem einer mangelnden Sichtbarkeit und Repräsentanz der Nicht-Akademikerinnern und Nicht-Akademiker.

» Momentan gibt es im politischen Feld der Spätmoderne ein Repräsentanzdefizit [...]. Der Bundestag ist im Wesentlichen eine Akademikerveranstaltung.

Und dies betrifft übrigens auch – was dem rechten Populismus natürlich diametral entgegenläuft – eine mangelnde Repräsentanz von Migrantinnen und Migranten in den Parlamenten.

*** Krell ***

Es ist ein spannender Moment, in dem wir leben, weil er in gewisser Weise offen ist. Die Paradigmen, die in den letzten Jahrzehnten prägend waren, haben an Bedeutung verloren.

Wir wissen noch nicht ganz genau, was jetzt passiert und was entsteht, und das heißt, wir können prägend und gestaltend wirken.

Wenn wir uns vorstellen, wir leben 2030 in einer Gesellschaft, die tatsächlich von einem einbettenden Liberalismus geprägt ist, was war dann die entscheidende Stellschraube, an der wir jetzt, 2020, gedreht haben und die die Dinge in diese Richtung gewendet hat?

*** Reckwitz ***

Das wäre eine sehr optimistische und normative Setzung anzunehmen, wir haben in zehn Jahren diese im positiven Sinne veränderten Verhältnisse. Diesen prognostischen Fragen weichen Soziologen gerne aus. Ich möchte deswegen anders auf die Frage antworten. Ich denke, dass in der spätmodernen Gesellschaft, gerade auch im letzten Jahrzehnt eine Art Verlust an Zukunft zu beobachten ist, ein Verlust positiver Zukunftserwartungen. Das ist in dieser Drastik neu und hat für das gesamte Selbstverständnis von moderner Gesellschaft gravierende Folgen, weil die moderne Gesellschaft im Grunde von einem Fortschrittsnarrativ lebt. Es hat in der Geschichte der Moderne, namentlich im 20. Jahrhundert, sicher immer wieder auch dystopische Momente gegeben, aber nach 1945 herrschte 60 Jahre lang ein erstaunlich stabiles Fortschrittsnarrativ in den westlichen Gesellschaften: diese Leitidee, dass es »aufwärts« geht, wirtschaftlich, technisch, sozial, kulturell, mehr Wohlstand, technische Revolution, sozialer Aufstieg, kulturelle Liberalisierung. Und jetzt sind wir in einer schwierigen Situation, weil dieses Narrativ offenbar erodiert und man im Moment auch nicht wirklich sieht, was erneuert werden könnte. Es könnte natürlich nur eine kurze Phase sein – man kannte ja auch in den 1980er-Jahren eine *No-future*-Generation –, aber ich habe den Verdacht, dass es dieses Mal tiefer reicht. Wenn wir zum Beispiel die Diskussion um den Klimawandel nehmen. Ich denke, das wird in der westlichen Gesellschaft die nächsten zehn Jahren sehr stark bestimmen und lässt sich schwer in eine klassische Fortschrittserzählung packen. Natürlich kann man auch »Verlust als Chance« sehen und eine neue Nachhaltigkeit anstreben. Aber ich vermute, dass im Zuge des Klimawandels bestimmte Verlusterfahrungen schlichtweg stattfinden werden, die man nicht einfach rückgängig machen kann. Es geht nicht mehr um ein *Mehr* und *Besser*, sondern darum, das Schlimmste zu verhüten.

Das, was ich einbettenden Liberalismus genannt habe, ist ja bereits eine sehr zurückhaltende Vision der Verbesserung. Es ist eher der Versuch, an bestimmten Stellschrauben zu drehen, wie die Infrastruktur zu stärken, Risikopolitik zu stärken und bestimmte zivilgesellschaftliche Maßnahmen im Bereich der Kultur zu ergreifen, aber den großen Fortschrittsoptimismus kann man damit nicht mehr bedienen. Die andere Möglichkeit ist immer die gesellschaftliche Stagnation oder gar Regression, ein Szenario, das die Dystopien in der Populärkultur bedienen. Es ist eine der großen Herausforderung, als moderne Gesellschaften ohne starke

Fortschrittshoffnungen, ohne ein unilineares »Besser« in der Zukunft zu leben. Diese Frage nach Fortschritt, Zukunft und Verlust wird die westlichen Gesellschaften in den nächsten Jahren massiv beschäftigen und der Ausgang ist offen.

*** Krell ***

Zukunft gestalten ohne ein großes Fortschrittsversprechen, das ist die Herausforderung. Sie sagen, der Ausgang ist offen. Ich will es nicht überinterpretieren, aber habe doch das Gefühl, dass da ein bisschen Pessimismus drinsteckt. Man kann es natürlich auch optimistisch formulieren und sagen, die Zukunft ist offen, sie ist gestaltbar.

Haben Sie Dank, dass wir nicht im Fatalismus geendet sind und vielen Dank für den spannenden Austausch. Das war ein sehr breiter Horizont, den wir hier entfaltet haben.

*** Reckwitz ***

Danke schön.

*

Die Gesprächspartner

Andreas Reckwitz ist Professor für Allgemeine Soziologie und Kultursoziologie an der Humboldt-Universität Berlin. Seine Forschungsschwerpunkte liegen innerhalb der Theorie der (Spät-)Moderne, der Kulturtheorie und Kultursoziologie. Er untersuchte in dem 2017 veröffentlichten Buch *Die Gesellschaft der Singularitäten* den Prozess der Singularisierung, wie er sich zu Beginn des 21. Jahrhunderts in Ökonomie, Arbeitswelt, digitaler Technologie, Lebensstilen und Politik abspielt.

Christian Krell ist Professor für Staatsrecht und Politik an der Hochschule des Bundes für öffentliche Verwaltung und Honorarprofessor an der Universität Bonn. Er ist Mitglied der Grundwertekommission der SPD und leitete zuvor das Büro der Friedrich-Ebert-Stiftung für die nordischen Länder mit Sitz in Stockholm.

Die Herausgeber

Thomas Hartmann arbeitet im Referat Lateinamerika und Karibik der Friedrich-Ebert-Stiftung und ist verantwortlich für die Gesprächsreihe »rausgeblickt«. Er ist unter anderem Herausgeber von *Utopien. Für ein besseres Morgen* und *Zukunft der Demokratie*.

Jochen Dahm leitet die Akademie für Soziale Demokratie der Friedrich-Ebert-Stiftung, mit der die Stiftung einen Ort zur Reflexion grundsätzlicher Fragen aus Sicht der Sozialen Demokratie geschaffen hat. Er ist unter anderem Herausgeber von *Utopien. Für ein besseres Morgen* und *Zukunft der Demokratie*.

Weitere Titel dieser Reihe *

* **rausgeblickt: Thomas Piketty**
  Pandemie und Ungleichheit
  Ein Gespräch über die Ideologie des Kapitals

* **rausgeblickt: Gesine Schwan**
  Pandemie und Solidarität
  Ein Gespräch über gesellschaftlichen Zusammenhalt

* **rausgeblickt: Teresa Bücker**
  Pandemie und Geschlechter
  Ein Gespräch über eine feministische Zukunft

* **rausgeblickt: Lisa Herzog**
  Pandemie und Arbeit
  Ein Gespräch über eine demokratische Wirtschaft

* **rausgeblickt: Maja Göpel**
  Pandemie und Klima
  Ein Gespräch über eine nachhaltige Welt

* **rausgeblickt: Joseph Stiglitz**
  Pandemie und Markt
  Ein Gespräch über eine gerechte Weltwirtschaft

* **rausgeblickt: Heinz Bude**
  Pandemie und Gesellschaft
  Ein Gespräch über eine Zeitenwende

* Weitere Informationen unter
www.dietz-verlag.de